最強テクと戦い方がよくわかる!
小学生の卓球
必勝のポイント50

マイダスジュニアチーム監督兼ヘッドコーチ
小泉 慶秀己 監修

メイツ出版

はじめに

　男子の張本智和選手や女子の伊藤美誠選手、平野美宇選手など、日本の卓球界は今、10代の若年層が世界の舞台で活躍しています。世界ランキングの上位選手のほとんどが20代ということを考えると、これは驚くべきことです。

　こうした現象の要因は、張本選手ら自身の努力や周囲の人の手厚いサポート、あるいは日本卓球界としての強化策の成果など、いろいろな面があります。そして、卓球という競技の特性も深く関係していると言えるでしょう。

　卓球は、運動神経やセンスが良く、筋力もあるに越したことはありませんが、たとえばバスケットボールやラグビーほど身長やカラダの強さが絶対的に必要ということはありません。フィジカルの不利は、技術やメンタルで補えるというのは、まさに日本の若手選手たちが証明していることなのです。

　そういう点からも卓球は、多くの人にチャンスがある競技です。

　とはいえ、年齢が上がれば上がるほど固定観念ができていますから、新しい知識や動きを取り入れるのは難しくなります。だからこそ若いうちに、とくに吸収力のある低年齢の頃から技術やカラダの使い方を磨くと、強くなれる可能性が高く、目標に到達しやすくなります。
　本書では、おもにジュニア世代に向けて、卓球の基礎から応用のテクニック、また、マイダス卓球アカデミーで行っているトレーニングメニューなどを紹介していま す。
　これから卓球を始めたいお子さんはゼロから正しいフォームや動き方が理解できますし、すでに始めているお子さんはレベルアップにつながると思います。卓球を楽しみながら、少しずつでも強くなれるようなお役に立つことができれば幸いです。

マイダスジュニアチーム
監督兼ヘッドコーチ
小泉慶秀己

この本の使い方

この本は、卓球に取り組むジュニア世代の選手たちが上達するためのポイントを紹介しています。

上達に欠かすことができない基本ストロークはもちろん、精度が高いサービスとレシーブ、試合に勝つための戦術などを解説。ジュニアアスリートとして活躍するためのコツを理解しながら、スキルアップをはかっていきます。

最初から読み進めれば、基本からしっかり理解することができ、気になるポイントや苦手なプレーはピックアップして読むことも可能。テクニックの向上や弱点克服に役立てることができます。

原則として見開き2ページに1つのポイントを解説しています。ページ内では、取り組む際に注意したいコツやプラスしたい知識・動作もあげていますので参考にしてください。

ポイント・タイトル
紹介するテクニックの名前、技術レベルの高さ、取り組むべきテーマが一目でわかるようになっている。

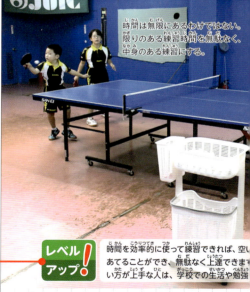

レベルアップ！
解説しているポイントをマスターすることで、卓球がどのように上達できるのか、また練習をするときはどの点を意識すべきかイメーできる。

解説
ポイントをマスターするうえでは、まずは頭でテクニックをイメージ。動作の仕方や練習の方法、そのテクニックがもたらす効果など、しっかり読んで理解を深めよう。

決まっている時間の中で密度の濃い練習をする

全国大会に出て活躍するには、最低でも1日3時間の練習が必要です。実際は3時間でも足りないぐらいで、自分より強い人に勝とうと思えば、少なくともその人以上の練習をしなければ追いつけません。もちろん、練習にただ長い時間をかければいいというわけでもなく、決まっている時間の中でいかに密度の濃い練習をするかが大切です。

台の数にもよりますが、台の周りで待つ時間はできるだけなくしたいところです。たとえばペアが交互に打つラリーは、入るタイミングや集中力、ポジション取りといった感覚が身につきます。

PART 1 卓球上達のプロセス

 練習目的と時間効率のバランスを考える

フットワークの練習は、ボールを使わずに行うと足の先まで神経が行き届き、打球練習に組み込んで行うとより実践的になる。

 ウォーミングアップはできるだけ全員で

ウォーミングアップは、みんなの練習開始時間が同じ日はできるだけ全員で行う。きびきびと動いて時間の無駄をなくす。

 **プラス+1 課題や目的に合った練習パートナーを選ぶ**

練習パートナーは基本的に同じレベルの人を選ぶ。試合前などは、指導者が対戦相手を想定した選手など、その子の課題に合った練習相手を選んであげる。

13

コツ
ポイントのなかで、特におさえておきたい部分を解説。写真をみてコツをチェックしよう。

プラスワン
基本動作に加えて、実戦に役立つプレーをアドバイス。プレーの注意点やプラスアルファの情報を知って、プレーの幅を広げよう。

5

目次

はじめに ……………………………………………………… 2
この本の使い方……………………………………………… 4

PART1　卓球上達のプロセス
ポイント01　具体的な目標を持って卓球に取り組む ……………… 10
ポイント02　時間効率を意識して練習にはげむ ………………… 12
ポイント03　緊張感ある環境をつくり高い意識でゲームにのぞむ … 14
ポイント04　卓球を通して人として成長する……………………… 16
コラム　　　外遊びでコーディネーション能力を鍛える ………… 18

PART2　正確で力強いショットをマスターする
ポイント05　理想のグリップをはやい時期につくる ……………… 20
ポイント06　パワーポジションを理解して卓球の姿勢に生かす … 22
ポイント07　フットワークを使ってリズミカルにスイングする …… 24
ポイント08　台から適度な距離をとってポジショニングする …… 26
ポイント09　フットワークを鍛えてスイング強化にのぞむ ……… 28
ポイント10　正しいフォームを理解して最短距離で上達する …… 30
ポイント11　正しいフォームで固めて自分のものにする ………… 32
コラム　　　子どものサイズに合わせてラケットをカスタマイズする ……… 34

6

PART3　フォア&バックで質の高い球を打つ

ポイント12	様々なショットでラリーを組み立てる	36
ポイント13	コンパクトな振りから確実にミートする	38
ポイント14	下からこすり上げて前進回転をかける	40
ポイント15	カラダの前で鋭くインパクトする	42
ポイント16	遠心力を生かして大きくスイングする	44
ポイント17	体重を乗せて高い打点から叩き込む	46
ポイント18	しっかり面を作って強打を受け止める	48
コラム	子どもの成長に必要な栄養ある食事をとる	50

PART4　台上技術でゲームを優位に進める

ポイント19	相手サービスにあわせた台上技術でレシーブする	52
ポイント20	ラケット面を上にしてボールを押し出す	54
ポイント21	バックのツッツキを使いこなして優位に立つ	56
ポイント22	ネット際にボールを落として相手を前に引き寄せる	58
ポイント23	相手を前後に動かしラリーでゆさぶりをかける	60
ポイント24	コンパクトなスイングから弾くように打つ	62
ポイント25	コースを打ち分けラリーで先手をとる	64
ポイント26	手首を返すようにしてバック面で強打する	66
コラム	返球の高さを意識してしっかりドライブ回転をかける	68

PART5　サービスで試合の主導権を握る

ポイント27	多彩なサービスから主導権をつかむ	70
ポイント28	カラダの近くでボールの内側をこする	72
ポイント29	ボールの下と横の間をこすって打つ	74
ポイント30	カラダの近くでボールの外側をこする	76
ポイント31	ボールの下と外側の間をこすって打つ	78
ポイント32	ラケットの裏面でななめに切る	80
ポイント33	裏面でボールの内側をこする	82
ポイント34	押し出すように無回転のサービスを出す	84
ポイント35	しゃがみ込みながら顔の近くで打つ	86
コラム	ロングサービスを効果的に使って相手のミスを誘う	88

PART6　勝つための3球目・4球目攻撃

ポイント36	サーブ&レシーブで相手を崩して決める	90
ポイント37	バック前に短いサービスを出して3球目を待つ	92
ポイント38	フォア前に短いサービスを出して3球目を待つ	94
ポイント39	3球目をバックハンドのドライブで決める	96
ポイント40	チキータを使って台上から攻撃的に打つ	98
ポイント41	サービスで相手を崩しフリックで決める	100
ポイント42	フリックレシーブからカウンターを狙う	102
ポイント43	チキータで主導権を握り4球目の強打で決める	104
コラム	競争意識を持つことで練習や試合の質を高める	106

PART7　ジュニアアスリートとして活躍するための練習メニュー

ポイント44	目的意識を持って課題に取り組む	108
ポイント45	お互いが動いて狙ったところに打つ	110
ポイント+α	「速く」「強く」「正確に」を意識してフットワーク練習	112
ポイント46	台のコーナーに的を置いて狙う	116
ポイント47	バックハンドのコースに絞ってラリーを続ける	117
ポイント48	ツッツキのみで相手とラリーする	118
ポイント49	台から離れてドライブで打ち合う	119
ポイント50	ジャンプ力や体幹力を養いアスリートの土台をつくる	120

監修・モデル協力 …… 126

PART

1

たっきゅうじょうたつ
卓球上達の
プロセス

ポイント 01

レベル ★☆☆

マイダスの指導方針

具体的な目標を持って卓球に取り組む

目標設定はできるだけ具体的に。短期、中期、長期と段階を分けて目標を立てると、モチベーションにもつながりやすい。

レベルアップ！
目標を具体的に設定することで、今やらなければいけないことがはっきりと見えてきます。近いスパンの目標は、クリアするたびに新たな目標に更新してください。ノートなどに書いておくといいでしょう。

目標設定は長・中・短期に分け、より具体的に

　目標を明確にし、そこに向かって一つずつ積み重ねていくのが、レベルアップへの唯一の方法です。その意味で「目標を持つ」ことが重要で、指導者も子どもに寄りそったきめ細かい指導が必要になります。マイダスでは常時2〜4人のコーチが初級（約30人）、中上級（約15人）の子どもたちを指導しています。
　目標は、「がんばる」といった抽象的なものではなく、「1ヶ月後までにラリーを50回続けられるようになる」など、具体的な内容にします。また、将来の夢、数ヶ月〜1年後までの遠い目標、近いスパンの目標と分けるといいでしょう。

コツ！ 大きな目標は〝全国大会上位入賞〟

マイダスの上級クラスは、アスリート志向の子どもたちが全国大会での上位入賞を目標に、熱心に練習に取り組んでいる。

コツ！ やる気さえあれば目標は達成できる

中級・初級クラスは、多くの子が上のクラスに進むことを目標にしている。本人のやる気さえあれば、目標は必ず達成できる。

プラス+1 通常練習で足りない部分は個人レッスンで補う

より強くなるために、通常の練習だけで足りないと思えば、コーチからマンツーマンで指導を受けられる個人レッスンも必要になってくる。

PART1 卓球上達のプロセス

ポイント 02

レベル ★☆☆

練習時間

時間効率を意識して練習にはげむ

時間は無限にあるわけではない。
限りのある練習時間を無駄なく、
中身のある練習にする。

レベルアップ!
時間を効率的に使って練習できれば、空いた時間を他の練習や休養にあてることができ、無駄なく上達できます。また、そのように時間の使い方が上手な人は、学校での生活や勉強も効率よく進められます。

決まっている時間の中で密度の濃い練習をする

全国大会に出て活躍するには、最低でも1日3時間の練習が必要です。実際は3時間でも足りないぐらいで、自分より強い人に勝とうと思えば、少なくともその人以上の練習をしなければ追いつけません。もちろん、練習にただ長い時間をかければいいというわけでもなく、決まっている時間の中でいかに密度の濃い練習をするかが大切です。

台の数にもよりますが、台の周りで待つ時間はできるだけなくしたいところです。たとえば**ペアが交互に打つラリーは、入るタイミングや集中力、ポジション取りといった感覚が身につきます。**

PART 1 卓球上達のプロセス

コツ！ 練習目的と時間効率のバランスを考える

フットワークの練習は、ボールを使わずに行うと足の先まで神経が行き届き、打球練習に組み込んで行うとより実践的になる。

コツ！ ウォーミングアップはできるだけ全員で

ウォーミングアップは、みんなの練習開始時間が同じ日はできるだけ全員で行う。きびきびと動いて時間の無駄をなくす。

プラス+1 課題や目的に合った練習パートナーを選ぶ

練習パートナーは基本的に同じレベルの人を選ぶ。試合前などは、指導者が対戦相手を想定した選手など、その子の課題に合った練習相手を選んであげる。

ポイント 03

レベル ★★☆

競争意識

緊張感ある環境をつくり高い意識でゲームにのぞむ

ランキングによってフロアの上下が変わる。上のフロアで練習することは、トップ選手になるためのステップのひとつ。

普段の練習ゲームを本番のような高い意識で行うことで、いざ試合を迎えたときに必要以上のプレッシャーを感じなくなります。1つ1つのプレーを大切にし、絶対に勝つというつもりでプレーしましょう。

本番の試合のような雰囲気でゲーム練習を行う

ゲーム練習は、本番の試合にどれだけ意識を近づけられるかが重要です。普段から試合のような緊張感でプレーできれば、実際の試合で緊張のあまり自分の力を発揮できないということがなくなります。

そこで有効なのが、クラブ内でのランキング戦。試合形式を行い、1週間ごとや1ヶ月ごとの全メンバーの成績を公表すると、「1位になりたい」「上位に行きたい」という思いがゲームでの真剣みを生み、本番の試合に近い雰囲気になります。レベルごとのグループ分けがあれば、成績によってグループ間での入れ替えも行うと、より緊張感が高まるでしょう。

コツ！ ランキング戦の結果で入れ替えを行う

上・中・初級クラスがあるマイダスでは、ランキング戦の結果で上級と中級で週1回、中級と初級で月1回の入れ替えがある。

コツ！ 上に上がっても満足してはいけない

上のクラスに上がれても、そこで満足したらまた下のクラスに落ちてしまう。上のクラスでは、それまで以上の努力が必要だ。

プラス+1 下に落ちたら出た課題を改善する

下のクラスに落ちた場合、何が足りなかったのかをきちんと考える。次のランキング戦までに課題を明らかにし、それを意識しながら練習に取り組む。

ポイント 04

レベル ★☆☆

卓球を通じた〝人づくり〟

卓球を通して人として成長する

卓球は技術や体力だけでなく、考える力やあきらめない心、他人に対する思いやりなど、人が生きていく上で必要なことを養える。

レベルアップ！ 人としての成長は卓球の上達につながります。また、中学生や高校生になったとき、大人になったときにうまくいかないことがあっても、卓球をがんばった経験がそれらを乗り越える力になります。

人としての成長が卓球選手の成長につながる

卓球は個人競技ですが、普段の練習では自分勝手ではいけません。他の人の練習相手になるときは、相手の練習課題を理解し、そのためのボールを打ってあげないといけないからです。思いやる気持ちが欠かせません。

チームで目標やスローガンがあるなら、練習場の壁に貼り出し、練習の前や後にみんなで読むのもいいでしょう。いつも口に出すことで、「何のために卓球をやっているのか」という目的意識が自然と心の中に入っていきます。卓球は人を成長させますし、人として成長すると選手としてもレベルアップできます。

コツ！ きめ細やかな指導で正しい動きを理解する

指導者は、年齢の長幼やスキルに関わらず、きめ細かい指導を心がけたい。正しい動きを理解することが回り道しないコツ。

コツ！ どうすれば強くなるか自分で考えていく

ある程度の技術が身についたら、手とり足とりの指導は減らし、本人に「どうすれば上達するか」を考えさせることも重要。

プラス+1 指導者が試合を確認しその後の練習に生かす

試合は指導者ができるだけチェックをし、うまくできた点、できなかった点を整理する。それを本人に伝えて、その後の練習につなげていく。

コラム

外遊びでコーディネーション能力を鍛える

　コーディネーション能力は、「リズム能力」「バランス能力」「変換能力」「反応能力」「連結能力」「定位能力」「識別能力」という7つの能力に分けてとらえています。

　卓球では、バランスを正しく保ち、崩れた態勢を立て直す（バランス能力）、相手のボールにすばやく反応して、適切に対応する（反応能力）など、あらゆる局面でなんらかのコーディネーション能力が必要になってきます。

　こうした能力は、子どもたちが普通に外で全身を使って遊ぶことで養われます。

　しかし現代は昔と違い、自由に遊べる環境が少なく、塾や習い事が忙しく遊ぶ時間がとれなかったりして、外遊びをする機会が減っています。しかも卓球のような屋内競技では、なおさら外で遊ぶ機会がありません。

　そこでマイダスでは、普段の練習とは別に定期的に外遊びの時間を設けています。近くの土手でかけっこをしたり、鬼ごっこや大縄跳びをして、卓球とは違った運動をしています。コーディネーション能力を磨くのはもちろん、心身のリフレッシュという点でもたまには外でダイナミックにカラダを動かすことが重要です。

　遊びの中から子どもならではの創造性や考え方が生まれ、そうした部分は卓球にも生きてきます。

PART

2

正確で力強い
ショットを
マスターする

ポイント 05

レベル ★☆☆

グリップ

理想のグリップを
はやい時期につくる

フォア面

バック面

自分がもっとも握りやすく、操作しやすいグリップをできるだけはやく見つける

グリップの握り方は、基本的に自分がプレーしやすければOKです。「自分のグリップの形を作る」という感覚にすることが大切で、ここをクリアできればさまざまなテクニック習得につながります。

初心者はとくにしっかり握り、手首を固定する

グリップ（ラケットの握り）は、「自分の形を作る」という感覚になるまで時間がかかります。初心者はとくに「手首を固定する」ことを意識してみてください。速いボールを打とうとして手首（スナップ）を使う動きは、上達をさまたげる代表的な悪い例です。

ヒジから手に棒が1本入っているようなイメージを持つといいでしょう。これにより足を動かさなければならず、カラダ全体の動きが連動して打球も安定します。したがって最初はある程度力を入れて握って構いません。上手になってくると、だんだん無駄な力が抜けてきます。

PART 2　正確で力強いショットをマスターする

コツ！ シェイクハンドは操作性が高い

握手をするように握るシェイクハンドは、フォアもバックも操作しやすいのが特徴。初心者はまずはしっかり握ること。

コツ！ 基本はニュートラルな持ち方で握る

面を内側や外側に傾ける握り方には、それぞれ長所や短所がある。基本はラケットが親指と人差し指の中間に来る持ち方で。

プラス+1 ペンホルダー利用者は少なくなっている

ペンを持つように握るペンホルダーは、シェイクハンド以上に繊細な扱いが必要。そのため現在はペンホルダーを使う選手が激減している。

ポイント 06

レベル ★★☆

姿勢

パワーポジションを理解して卓球の姿勢に生かす

レベルアップ！

パワーポジションが身につくと、すばやい動きができ、相手の速いボールにも対応できるようになります。また、強い力も瞬時に出せるので、ラリーで押し込まれた場面でも強打で反撃することが可能です。

相手のボールを待つときはパワーポジションを作るのが基本。肩の力を抜き、重心をやや落とす。

ポイントはスタンス、上体の角度、低い重心

パワーポジションとは、すばやい動作を行うための準備姿勢や動きやすい構えのことをいいます。肩やヒザの力を抜いてパワーポジションをとることで、**卓球では、前後左右に振られたボールにいち早く反応できたり、瞬時の判断で強いボールを打てたりします。** 最大限のパフォーマンスを発揮する上で、まず最初に覚えなければいけない要素です。

パワーポジションのポイントは、スタンス（足の構え方）、上体の角度、重心をやや低くすることの3点。自分が打ち終わったら、必ずこの体勢を作って相手の打球に備えるようにします。

PART 2 正確で力強いショットをマスターする

コツ① スタンスは肩幅よりやや広めに開く

スタンスは肩幅よりやや広く開く。広すぎても狭すぎてもよくない。つま先を少し外側に向けると、左右にすばやく動ける。

コツ② 体をやや前に傾けた姿勢をとる

上体はやや前傾姿勢に。突っ立った姿勢はもちろん、前に傾けすぎてもすばやく動けない。動きやすい体勢を探してみよう。

プラス+1 横から押してもらってパワーポジションを確認

ヒザを軽く曲げて重心を下げ、正しいパワーポジションがとれていれば、横から押されても動かないはず。パートナーに横から押してもらって確認する。

フットワークを使って
リズミカルにスイングする

レベルアップ！

リズムが取れていると、相手のボールに対してすばやく反応でき、打つポジションにも速く移動できます。テンポの速いラリーで有効。カウンターなどで反撃するときも活用できます。

利き腕側の足を「1、2、1、2…」と繰り返し、速いテンポで動かしてリズムをとる。

リズムを意識しながら足をすばやく動かす

速いテンポでラリーが行われる卓球では、1球1球をじっくり考えて打つ時間はほとんどありません。そこで重要なのがリズムです。**リズムがあるとタイミングを取りやすく、足がとっさに動いて、ボールのところにすばやく移動できます。**上手な人ほど、リズミカルにカラダを動かすことができています。

リズムを身につける練習として、足を「1、2、1、2…」と速いテンポでステップさせる方法があります。実際に打っている場面を想像しながら足をさばいていきますが、ラケットを持たずに行うことで意識を足に集中できます。

コツ！ リズムの取り方は1、2、1、2…

右利きのフォアは、バックスイングで右足を引き(1)、打つときに踏み出す(2)。これを「1、2、1、2…」と繰り返す。

コツ！ スピードで攻める人はリズムが欠かせない

台から離れずに前陣に張りつき、ピッチとスピードで攻める前陣速攻型の人は、リズムを身につけることが欠かせない。

プラス+1 両足が床から離れた瞬間にインパクト

カウンター気味に打つ場合、両足が一瞬床から離れたときにインパクトするというイメージ。逆に時間に余裕がある場合は、右足に体重をしっかり乗せる。

PART2 正確で力強いショットをマスターする

ポイント 08

レベル

ポジション

台から適度な距離を とってポジショニングする

まずは台から近すぎず、遠すぎない距離感をチェック。上達するにしたがってポジショニングを調整する。

レベルアップ！
台から適度な距離をとっておくと、短いボールは一歩踏み出せば対処でき、球足の長いラリーも比較的スムーズに対応できます。まずは基本のポジションを覚え、それから前陣や後陣を覚えていきましょう。

ジュニアの段階では「前・中陣」をベースにする

卓球台から約1メートル以内の距離でプレーするのを「前陣」、1〜2メートル離れるのが「中陣」、2メートル以上離れるのを「後陣」といいます。上達していけば、自分のプレーしやすい立ち位置がはっきりしますし、ラリーの展開や相手のプレースタイルによって、試合の中で前後させる必要も出てきます。

ただし、**ジュニアの段階では細かいポジションどりを決めつけず、あらゆるボールに対応できる位置に立つことが重要**です。練習の中で自分のプレースタイルやボールの特徴を考えながらポジションを微調整しましょう。

コツ！ 台に近づきすぎるのは要注意

台に近づきすぎるのはNG。台上のプレーはやりやすいが、エンドライン近くにバウンドする深いボールの対処が難しい。

コツ！ 大きな展開のラリーは台から距離をとる

もちろん、試合では常に決まった位置でプレーできない。ドライブの打ち合いともなれば、両者が台から離れることになる。

プラス+1 身長が低い子どもも台に近づきすぎない

低学年の小学生など身長の低い子どもは、卓球台に近寄り、手先で打ってしまいがち。体を大きく使ってオールラウンドなプレーを目指す。

PART 2 正確で力強いショットをマスターする

ポイント **09**

レベル ★★☆

フットワーク

フットワークを鍛えて スイング強化にのぞむ

スイングばかりを意識するとフットワークがおろそかになってしまう。まず足を主導に動かす。

レベルアップ！ フットワークが強化されれば、土台となる下半身が安定し、広い範囲を鋭いスイングで強くボールを打つことができます。

足を動かし鋭いスイングを身につける

ボールを打つという動作は、ラケットを持つ手や腕で行います。しかし、そこまで行くにはフットワーク、つまり足の動きがとても重要です。足を動かしながら腰や肩、腕などを連動させ鋭いスイングを身につけるという点では、「足から打つ」と表現しても間違いではありません。

足が動かないと「手打ち」になり、強い打球や精度の高いボールが打てません。フットワークは、左右の動きと前後の動きに分けられます。左右の動きは、「三歩動（たとえば右利きが右に動く場合、右足→左足を右足に寄せる→右足を右へ）」が基本になります。

PART 2 正確で力強いショットをマスターする

コツ！ 右には右足から 左には左足から動く

左右のフットワークは、三歩動が基本になる。右に動く場合は右足から、左に動く場合は左足から踏み出して移動する。

コツ！ 前には左→右→左足で 後ろには右足から

前後のフットワークは、左右と同じ三歩動が基本。前に出るときは左足から、さがるときは右足から踏み出して移動する。

プラス+1 N字フットワークで効率よく鍛える

応用といえるN字フットワークは、フォアの前陣→フォアの後陣→バックの前陣→バックの後陣と動く。スムーズに足をさばくことで効率よく動作できる。

29

ポイント **10**

レベル ★☆☆

フォームの重要性

正しいフォームを理解して最短距離で上達する

初心者でなくても、上手な人に手を添えてもらって打つと、技術的に新たな発見をすることもある。

レベルアップ！ 自分の打ちやすいように打っているだけでは、上達が止まってしまうこともあります。上手な人のフォームを参考にし、自分が正しいフォームで打てていれば、回り道することなくレベルアップができます。

悪いフォームは若いうちに修正する

卓球にはさまざまな打法があり、それぞれに基本となるフォームがあります。フォームが悪いとやがて成長が止まるだけでなく、最悪の場合はカラダのどこかを痛めてしまいかねません。そうならないためにも正しいフォームをしっかり理解しましょう。悪いクセは、時間がたてばたつほど直しにくくなります。

正しいフォームを身につけるには、友達に見てもらっておかしな点を指摘してもらったり、**指導者が後ろから手を添えてボールを打ち、スイングの流れやインパクトの感覚を子どもに直接イメージさせたりする方法が効果的です。**

コツ！ 正しいフォームをまず理解する

正しいフォームを理解して練習を重ねると、最短距離で上達できる。上手な人に手を添えてもらって打つとイメージしやすい。

コツ！ 新しいテクニックは正しいフォームを確認

悪いフォームを身につけてしまうと、後から指摘してもなかなか直らない。中級以上の人も今のフォームを見直してみよう。

プラス+1 実際にボールを打ちフォームを確かめる

上手な人に手を添えて打ってもらったら、その感覚を覚えているうちに実際にボールを打ってみる。正しい形を知っていることが大切だ。

PART 2 正確で力強いショットをマスターする

ポイント 11

レベル ★☆☆

フォーム固め

正しいフォームで固めて自分のものにする

ラケットを持たない方の手で台に置いたペットボトルを持ちながらスイング。フリーハンドが固定されたコンパクトなフォームになる。

レベルアップ！ 正しいフォームを理解しても、それを常に出せなければ意味がありません。いつでも繰り出すために、自分のものにする必要があります。フォームの安定は打球の安定性やコントロールの制度を高めます。

何度も繰り返して打ちフォームを固める

正しいフォームを固めるには、安定して出されるボールを何度も繰り返して同じように打つ以外に方法はありません。なんとなくスイングを繰り返すのではなく、ポイントとなる部分を意識してカラダを動かしていきましょう。

ここで紹介するのは、ペットボトルを使ったフォーム固めの練習です。台の上に置いたペットボトルを左手で持ち、その位置を動かさずに打つことで、**フリーハンド（ラケットを持たない方の手）が固定されて、無駄な動きを防ぐことができます。** 感覚が身についたら、ペットボトルを外して打ってみます。

コツ ペットボトルを持ちコンパクトに振る

フリーハンドでペットボトルを持ったままスイングすると、オーバースイングにならずコンパクトに振ることができる。

コツ ペットボトルが動くのはNG

ペットボトルが動くと、オーバースイングや無駄な動きの原因になる。固定させるには水を入れたペットボトルが効果的。

プラス+1 安定した球出しからフォームを固める

フォーム固めが目的なら、1球ずつ安定して出されるボールを打つ多球練習に取り組む。ラリーではボールが散って、同じ動きにならない可能性がある。

PART2 正確で力強いショットをマスターする

コラム

子どものサイズに合わせてラケットをカスタマイズする

　卓球は、大人も子どもも同じ道具を使い、同じ規格の中でプレーします。

　そうなると、小学校低学年くらいのジュニア幼少期の子どもは、身長もまだ小さいため、通常のラケットではうまくコントロールできないことがあります。ラケットのサイズが合ってないと、スイングが必要以上に大きくなったり（オーバースイング）、重すぎてすばやい反応ができなくなったりして、良いパフォーマンスや成長につながりません。

　そこで、ラケットを子どものカラダに合わせてカスタマイズする方法があります。ラケット面の外側をやすりなどで削り、軽いラケットでプレーさせるわけです。少し削るだけで重さがだいぶ変わりますから、小さな子も操作しやすくなります。卓球では、ラケットのサイズに関してとくに規定はありませんので、少し削るくらいならまったく問題ありません。

　カラダが成長して大きくなり、スキルも上がってきたら、通常のサイズのラケットを使うようにしていきましょう。

カスタマイズラケット　　通常のラケット

PART

3

フォア＆バックで
質の高い球を
打つ

ポイント 12

レベル ★☆☆

基本ストローク

様々なショットでラリーを組み立てる

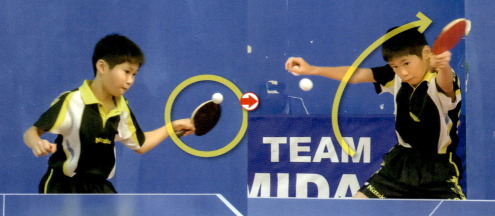

利き腕側がフォア、逆側がバックというのが基本。体の正面にきたボールはバックで対応する。

フォアハンド

バックハンド

レベルアップ！ 基本的なストロークが打てなければ、ラリーができません。ストロークを軸に、ドライブやスマッシュ、ブロックをフォア、バックの両方で打てることで、レベルの高いラリーを実現することができます。

どちらも打てるようにする

に来たボールを打つ「フォアハンド」と、その逆側に来たボールを打つ「バックハンド」があり、**すべて使いこなすことが大事。様々なショットを織り交ぜながらラリーを組み立てます。**ストロークやドライブを軸に攻め、チャンスではスマッシュを決めましょう。

PART 3 フォア&バックで質の高い球を打つ

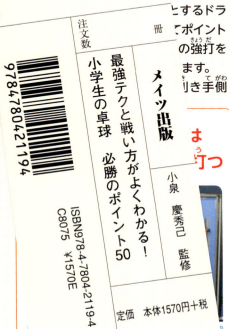

利き腕側にきたボールを打つフォアハンド。左利きの場合、右足をやや前に出し、体の左側でボールをとらえる。

コツ！ バックハンドはラケットの裏面を使う

バックハンドは、シェイクハンドでは裏面を使い、カラダの正面に近いところでボールをとらえる。

プラス+1 フットワークを駆使し相手のボールに対応する

ラリーではフォアとバックのどちら側にくるかわからない。相手が打った瞬間にすばやく足を反応させ、フットワークを使って、打球位置に移動する。

ポイント 13 レベル ★☆☆

フォアハンドロング

コンパクトな振りから確実にミートする

ロングでは強く打とうとする必要はない。面にしっかりとミートさせ、狙ったコースに返せるようにする。

レベルアップ！
フォアのストロークを身につけることが、ラリーを行うための第一歩になります。狙ったコースに何本も続けて打てるようになったら、打球のスピードを少しずつ上げて速いボールに慣れていきましょう。

頂点近くでボールをとらえて丁寧に返球する

　フォアハンドのストローク（ロングともいいます）は、すべてのフォアハンド打法の基本となります。台から30センチほど離れて立ち、相手の動きやボールをよく見てパワーポジションを作りましょう。ボールにタイミングを合わせ、利き腕側の足に重心を乗せながら、ラケットを後ろに引きます。**重心を反対の足に移動させながら、コンパクトにスイングします。インパクトはボールが頂点か頂点よりやや前。**強く打つよりも丁寧なコントロールを意識してください。打ち終わったらラケットをさげずに待球姿勢を作ります。

コツ！ 利き腕側の足に重心を乗せる

利き腕側の足を少し下げて立ち、飛んでくるボールにタイミングを合わせてラケットを引きながら、その足に重心を乗せる。

コツ！ ヒジを直角くらいにし頂点付近でインパクト

ボールをよく見て、頂点か頂点よりやや前でボールをとらえる。重心を前の足に移しながらコンパクトにスイングする。

プラス+1 ラケットの先端を立てて押し出さない

ラケットの先端を立てて打つのはNG。足・腰・肩など体の力を十分にボールに伝えられない。逆に強打を意識しすぎてオーバースイング（大振り）しないこと。

ポイント 14

レベル ★★☆

フォアハンドドライブ

下からこすり上げて前進回転をかける

現代卓球で欠かせないテクニックといわれるドライブは、ボールを呼び込んでから打つ。

レベルアップ！

フォアのドライブは、ストローク以上に攻撃的なショットです。鋭い前進回転をかけることで相手を追い込み、ラリーで主導権を握ることができます。カラダ全体を使って打つことで球威が増します。

腰のひねりを生かしボールを勢いよく飛ばす

強く前進回転をかける打法をドライブといいます。前への回転がかかったボールは弧を描いて落ちるような軌道で飛びます。攻撃的なストロークですが、しっかり打てればオーバーするミスが少なく、ラリーで優位に立つことができます。

基本のストロークより台から離れ、腰を低く下げてバックスイングをとります。このとき、**利き腕側の足に重心を乗せ、腰をひねってタメを作ると、勢いのあるスイングにつながります。**インパクトはラケット面をかぶせ気味にして、ボールを下からこすり上げるように。カラダ全体を使うことで球威が増します。

PART 3 フォア＆バックで質の高い球を打つ

コツ！ 腰をひねりながら沈め片足に重心をかける

台から30センチ以上離れて立ち、利き腕側の足を半歩下げて重心を乗せる。ラケットを後ろに引くとともに腰をひねる。

コツ！ ひねった腰の反動を使いこすり上げるように振る

ひねった腰を戻しながらスイング。重心を逆の足に移動させつつ、ボールの上をこすり上げるようにダイナミックに振り抜く。

プラス＋1 ドライブの軌道をコントロールする

ドライブには山なりのボールのループドライブや、スマッシュに近い軌道のスピードドライブなどがあり、自在に操れるようになれば大きな武器となる。

ポイント 15

レベル ★☆☆

バックハンドロング

カラダの前で鋭くインパクトする

ラケットの裏面を使い、コンパクトなバックスイングからできるだけカラダの前でボールをとらえる。

レベルアップ！
バックハンドのストロークも、フォアハンドストロークと同じようにラリーで絶対に欠かせないショットです。バックハンドのドライブ、ブロックに発展していく技術なので、常に安定して打てるよう練習しましょう。

ヒジから先を使ってラケットを前に押し出す

バックハンドのストロークは、カラダの正面や、利き腕と反対側に来たボールを打つときに使います。台から30センチほど離れて立ち、肩幅よりやや広く開いた両足に同じように重心をかけます。

ポイントは、ヒジを起点にカラダの前でラケットを引き（バックスイング）、押し出すように振る（フォロースルー）こと。 フォアハンドのような大きなバックスイングやフォロースルーは行いません。バウンドしたボールが頂点に達する少し前にインパクトします。バック側にきたボールもすばやく足を動かし、できるだけカラダの前で打つのが理想です。

PART 3 フォア&バックで質の高い球を打つ

コツ！ カラダの前でラケットを引く

バックスイングはフォアハンドのように大きくとらない。相手の動きとボールをよく見て、カラダの前でコンパクトにとる。

コツ！ ヒジを起点にラケットを押し出す

バウンドしたボールが頂点に達する少し前にヒジを起点にラケットを前に押し出し、カラダの正面でインパクトする。

プラス+1 足を動かしてカラダの前でとらえる

利き腕と逆側に来たボールは、余裕がない場面以外は腕を伸ばして取りに行かない。しっかり足を動かしてカラダの前で打つと安定し、ミスの確率が減る。

ポイント 16

レベル ★★☆

バックハンドドライブ

遠心力を生かして大きくスイングする

ラケットを引くときは、手首を折り曲げて打球面（裏面）を下に向けておくと、スムーズにスイングに入れる。

レベルアップ！

バックのドライブを効果的に使えると、ラリーでの選択肢が増えます。鋭い回転がかかることでアウトするミスが減り、相手に脅威を与えられます。どのコースにも打てるように精度を高めましょう。

102-0093

申し訳ありません。
切手を
お貼りください。

郵便はがき

東京都千代田区平河町 一丁目1—8
麹町市原ビル4F

メイツ出版株式会社　編集部　行

※さしつかえなければご記入ください。

お買い上げの本の題名	
あなたのお名前　　　　　　　男・女　　歳	お買い求め先(書店,生協,その他)

ご住所
〒
Tel.
Fax.　　　　　　　　　e-mail

※こちら（http://www.mates-publishing.co.jp/voice）からも承っております。

本書のご感想、あなたの知っているとっておきの情報、お読みになりたいテーマなど、なんでもお聞かせください。
※こちら（http://www.mates-publishing.co.jp/voice）からも承っております。

ありがとうございました。

利き腕側の脇に入れるようにラケットを引く

　フォアハンドのドライブと同じで、バックハンドのドライブも強く前進回転をかけて打つ、攻撃の軸になるショットです。通常のストロークのように押し出すだけでは強い回転はかかりませんから、利き腕の逆側の脇に入れるようにラケットを引いてバックスイングをとります。このとき上体を利き腕とは逆側にひねり、重心もそちら側に乗せます。
　ひねった反動を利用してスイングを始め、遠心力を生かしながらボールをこすり上げるようにインパクトします。両腕を大きく広がるような形でフォロースルーをとれるといいでしょう。

コツ！ 利き腕側の肩を入れてボールを呼び込む

バックスイングは脇に入れるようにラケットを引く。利き腕側の反対の足に重心を乗せ、肩を入れてボールを呼び込む。

コツ！ こすり上げて打ち前進回転をかける

頂点から落ちてくるボールを下からこすり上げるようにインパクト。スイングの遠心力を使って鋭い前進回転をかける。

プラス+1 コンパクトに振るドライブもある

通常のストロークのようにカラダの前でとらえるドライブもある。手首を内側に曲げ固定し、インパクトの瞬間にスナップをきかせると前進回転がかかる。

PART 3 フォア＆バックで質の高い球を打つ

ポイント 17

レベル ★★☆

スマッシュ

体重を乗せて高い打点から叩き込む

インパクトの瞬間は腕が伸び切らないようにする。高い打点からしっかりと叩き、チャンスをものにしたい。

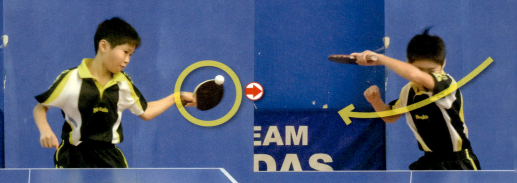

レベルアップ！
スマッシュはポイントに直結するプレーです。ここで決められると、スコア上はもちろん、精神的にも相手を押し込めます。ミスをするとダメージもありますが、ミスを恐れない思い切りが大切です。

カラダ全体を使い、確実に決定打にする

高くバウンドしてきたチャンスボールは、見逃さずにスマッシュで得点に結びつけましょう。利き腕側の足に重心を乗せながら、ラケットを大きく後ろに引きます。このときフリーハンドでカラダ全体のバランスを取ります。インパクトは肩から顔あたりのもっとも力を入れやすい高さで。逆の足に体重を移動させつつ、思い切って振り抜きます。

大切なのは腕だけで振ろうとしないこと。インパクトでは腕が伸び切らないように意識し、カラダ全体を使ってダイナミックに打ちます。打ち終わった後は、全体重が前足に乗るのが理想です。

PART3 フォア&バックで質の高い球を打つ

コツ！ 腰をひねって十分にタメを作る

フリーハンドでバランスを取りながらバックスイングをとる。腰をひねって、利き腕側の足にしっかり体重を乗せる。

コツ！ 腕だけで振ろうとせずカラダ全体で叩き込む

体重を逆足に移動させながらダイナミックに振る。打点は高すぎても力を入れにくいので、肩から顔あたりの高さでとらえる。

プラス+1 力まずリラックスしてミスを恐れずに打つ

チャンスが来ると、「決めないといけない」という思いが先走って力んでしまいがち。リラックスして肩の力を抜き、ボールをよく見て対応する。

47

ポイント 18　レベル ★★☆

ブロック

しっかり面を作って強打を受け止める

フォアハンド

ボールに近寄って正確に面でとらえる。スイングはしない。

バックハンド

強打に弾かれないように、手首を固定し、面をしっかり出す。

レベルアップ！
相手のスマッシュや強烈なドライブは、ブロックを使って守ります。粘っていれば、やがて反撃のチャンスが訪れます。インパクトで軽く面を押し出しコースを突くと、形勢を挽回することもできます。

相手の攻撃を食い止めて反撃の機会を待つ

相手がいる卓球では、いつも自分の思い通りに攻撃できるわけではありません。相手が攻めてきたときは、守備的なテクニックのブロックで確実に食い止め、我慢しながら反撃の機会を待ちます。

強打を打たれると怖くて思わず逃げてしまいたくなりますが、ブロックはできるだけボールに近寄ることが大切です。やや前傾姿勢になってどっしりと構え、カラダの近くでボールをとらえます。**バックスイングはほとんどとらず、バウンド地点を予測し、ラケット面をボールに合わせ相手の威力を利用します。**

PART 3 フォア&バックで質の高い球を打つ

コツ！ スイングを意識せず返球することを考える

まずは返球することを優先させるため、スイングは意識せず、ボールに近寄って面を作る。やや前傾姿勢でどっしり構えよう。

コツ！ インパクトでラケットを軽く前に押し出す

バックのブロックも面を作って、動かさない。速い打球点を狙ってラケットを軽く前に押し出す。

プラス+1 カラダの正面のボールはバックハンドで対処する

ブロックは、フォアで取るかバックで取るかをすばやく判断する。カラダの正面に来たボールはバックの方が扱いやすい。落ち着いて処理しよう。

49

コラム

子どもの成長に必要な栄養ある食事をとる

　成長期の子どもは、強い骨や歯をつくるカルシウムを摂取することや、いろいろな食べ物をバランスよく食べて多くの栄養をとることが必要です。カラダは大人より小さくても、成長するための栄養が欠かせないため、大人並みのエネルギーを摂取しなければいけないのです。

　しかもシニアのアスリートと同じように、運動をしている子どもは、その分のエネルギーも必要になってきます。きちんと食事をとることでじょうぶなカラダを形成でき、毎日の練習を継続できて、選手としてのレベルアップにつながります。

　何をどれだけ食べたらいいかは、厚生労働省が「食事バランスガイド」としてホームページなどで提唱しています。ごはんやパン、麺類などの主食、野菜やきのこ、海藻料理などの副菜、肉や魚、卵などの主菜、牛乳・乳製品、果物の5つのグループをまんべんなく食べると、バランスがとれる食事ということになっています。

　お菓子やジュースが好きという子も多いでしょう。それらを食べ過ぎると通常の食事で大切な栄養を摂れません。おやつは軽めに、楽しむ程度にしたいところです。卓球でうまくなるには、練習をがんばることはもちろん、食事をきちんと食べる。そのことを意識して毎日の生活を送ってください。

PART

4

だいじょう ぎ じゅつ
台上技術でゲームを
ゆう い　　　　　　すす
優位に進める

ポイント 19

レベル ★★☆

台上技術

相手サービスにあわせた台上技術でレシーブする

台に体を寄せて「台上」でボールを処理することで、効果的な一打が可能になる。

レベルアップ！ 台に対して体を寄せて、短いボールを処理する「台上技術」。相手のショートサービスや短い返球に対応するためには、多彩な台上技術をマスターし、レベルアップをはかりましょう。

フォアハンドとバックハンドで巧みな台上技術を身につける

卓球ではサービスや相手の強打に対して、いかにミスなくつなぎ、ラリーを自分の流れに持ってくるかがポイントになります。基本的な台上技術には、ツッツキやフリック、ストップがあり、それぞれフォアハンドとバックハンドで打つことができます。

また難易度がやや高いものの、攻撃的なレシーブが可能になるチキータも上達するには大切なテクニックです。

相手がサービスで狙ってきたコースや回転にあわせて、思い通りの台上技術が使えるよう、テクニックを身につけることが大切です。

PART 4 台上技術でゲームを優位に進める

コツ！ ボールに回転をかけて確実につなぐ

ツッツキとストップは相手ボールの回転を利用しつつ、返球するうえで確実性の高いショットだ。

コツ！ ラリーで優位に立ち決定打に持ち込む

フリックは強打に近いショット。繰り出すことでラリーで優位に立ち、ポイントをとるための決定打ともなる。

プラス+1 チキータをマスターしてレシーブをレベルアップする

チキータは、バックハンドフリックの変則的な打法だ。強烈な横上回転をかけてインパクトするため、強いボールが打てる。レシーブのレベルアップには必須だ。

ポイント 20

レベル ★★☆

ツッツキ・フォアハンド

ラケット面を上にしてボールを押し出す

下回転のショートサービスや相手からの短い返球に対して有効なツッツキは、ラケット面をやや上に向けてインパクトする。

レベルアップ！
下回転の相手ボールに対し、フラットにインパクトすると、打球はすぐ下に落ちてしまい、相手コートに届きません。ツッツキを身につけることで安定したレシーブが可能になります。

安定感のあるツッツキがラリーを優位にする

ツッツキはラケット面をやや上に向け"つっつく"ようにボールをインパクトし、下回転で返すテクニック。打ちたい方向にラケットを押し出すように動作するのがポイントです。

　実戦ではツッツキ対ツッツキのラリーもあるので、相手の回転にあわせてミスせず、安定的に返球できることが大切。利き手側の足に重心を乗せて、小さめのバックスイングからボールの下部を切るようにラケットを打ちたい方向に押し出しましょう。フォロースルーは大きくとらず、自然に止めるイメージを持つと良いでしょう。

コツ！ 台に体を寄せてボールをとらえる

両足を肩幅くらいに広げて構え、一歩前に踏み出す。ボールの回転をよく見ながら小さくバックスイングをとる。

コツ！ 手首を固定してインパクトの瞬間に握る

ボール下部を切るようにスイングし、インパクトの瞬間は、手首は固定しながら指に力を加える。

プラス+1 ボールの回転を見極めてラケット面を調整する

レシーブの回転が甘かったり、バウンドが高いと相手に攻め込まれるので注意。相手ボールの回転量に合わせて面の角度を調整する。

PART 4　台上技術でゲームを優位に進める

ポイント 21

レベル ★★☆

ツッツキ・バックハンド

バックのツッツキを使いこなして優位に立つ

相手ボールの高さや回転を見極めて、バック面のラケット角度を調整して返球する。

レベルアップ！ ヒジを少し曲げて台に寄っていくと、相手はネット際の「ストップ」を予測します。そこから腕を前に伸ばしたツッツキに出ることで、相手を前でつまらせることができます。

コントロールを重視してコースを狙って返球する

バックハンドのツッツキもフォアハンドと同じように、下回転のかかったボールに対して下回転で返球するテクニックです。相手のボールの回転をすばやく見極め、小さなバックスイングから足を踏み込みます。

体をボールに寄せ、ヒジを伸ばして、やや上に向けたラケットを押し出すようにインパクト。**体全体の力を使ってボールを相手コートに押し込むようなイメージで返球すると良いでしょう。**バック面の方がフォア面よりも、微妙なラケット操作がしやすいので、コントロール重視のコースを狙った返球が可能です。

コツ！ 体の正面で小さくバックスイングをとる

バックスイングは体の前で小さめにとる。短いボールを打つときは、利き手側の足を一歩踏み込んで対応しても良い。

コツ！ バック面を上にしてボール下をこする

体をボールに寄せて、ヒジを前に伸ばしてインパクトする。ラケットのバック面をやや上に向け、ボール下部をこする。

プラス+1 腕が伸び切ったところでラケットを止める

ボールに鋭い回転をかけるためには、腕だけで打たずに、ヒザを柔らかく使って下半身と連動させる。伸びきったところでラケットを止めると強い回転がかかる。

PART4 台上技術でゲームを優位に進める

ポイント 22

レベル ★★☆

ストップ・フォアハンド

ネット際にボールを落として相手を前に引き寄せる

台に体を寄せてラケット面をやや上向きにし、ボールの威力を吸収するようにインパクトする。

レベルアップ！
ストップが自由自在に使えると、ネット際にレシーブを落として、相手を台上の前方に引き寄せ、強打を防ぐことができます。相手コート内で2バウンド以上するイメージで打ちましょう。

手首を固定してラケットをコントロールする

　ストップは、相手のサービスや短いボールに対して、こちらも短く打ち返す台上テクニックです。ネット際にうまくボールを落とすことができれば、相手を前後にゆさぶるだけでなく、3球目攻撃などの強打を防ぐことができます。

バックスイングはとらず、ヒザの屈伸を使いながらバウンド直後の低い位置でボールをインパクト。ボールが当たった瞬間は、打つというよりもボールにラケットを添えるようなイメージを持つと良いでしょう。手首をしっかり固定してラケットをコントロールすることで、相手コートのネット際に落とすことができます。

PART 4 台上技術でゲームを優位に進める

コツ！ ラケット面をやや上向きにして構える

ボールをよく見ながら台の近くまで体を寄せる。利き手側の足を台の下まで踏み込み、腰を落として重心をさげる。

コツ！ バウンド直後を狙ってラケットを添えるように打つ

インパクトはバウンド直後の低い位置でとらえる。ラケット面をやや上向きにし、ボールにラケットを添えるように当てる。

プラス+1 ボールの側面をヒットし横回転をかける

ストップの精度があがってきたら、インパクトの際、ボールの側面をとらえ横回転をかける。そうすることでネット際のサイドに落とすこともできる。

59

ポイント 23

レベル ★★☆

ストップ・バックハンド

相手を前後に動かし ラリーでゆさぶりをかける

バウンド直後の低い位置でボールをとらえる。ボールに添えるように当てることで、ボールの回転を吸収してコントロールする。

レベルアップ！
ストップは、強打のドライブが得意な選手やフットワークが苦手な相手に有効です。ほかのテクニックとうまく組み合わせることで、前後に走らせフットワークでゆさぶることができます。

打球点を早く、振り幅を小さくする

ヒザを柔らかく使って台に近づき、バックスイングはとらずに、台上でしっかりボールをとらえることがポイント。ややラケット面を上向きにしてインパクトし、ボールをネット際に短く落とします。**このとき相手のボールの回転を吸収するイメージを持つと良いでしょう。**

打球点を早くし、ラケットの振り幅を小さくすることで、相手がとりにくい短い返球にすることができます。

強い回転のボールに対しては、回転軸を外して、ボールの横面をインパクトすることで回転を吸収する応用テクニックもあります。

PART 4　台上技術でゲームを優位に進める

コツ！ ラケットを上向きにしてインパクトに入る

体を台に寄せてボールの正面に入り、ラケットを下から上向きに入れる。このときバックスイングはとらない。

コツ！ ボールに添えるようにインパクトして勢いを吸収する

ヒザを柔らかく使って、ヒジは曲げたままボールの回転を吸収する。肩や腕全体の力を抜いて、ボールの勢いを弱める。

プラス+1 足を踏み込んで相手ボールの軌道に乗る

ボールをよく見ながら、体を台に寄せる。このとき利き手側の足を台の下に踏み込むことで、ヒジにゆとりを持たせ、打球の軌道上にしっかり乗ることができる。

61

ポイント 24

レベル ★★☆

フリック・フォアハンド

コンパクトなスイングから弾（はじ）くように打（う）つ

フリックはドライブのようにダイナミックに振（ふ）り抜（ぬ）くのではなく、コンパクトに弾（はじ）くというイメージで打（う）つ。

フリックはボールに前進回転（ぜんしんかいてん）をかけて、返球（へんきゅう）する台上技術（だいじょうぎじゅつ）です。コンパクトなスイングから、弾くようにインパクトすることで台上からでも攻撃的（こうげきてき）なレシーブやショットが可能（かのう）になります。

62

台上から攻撃的なショットを打つ

ショートサービスや短いボールに対し、台上で前進回転をかけるフリックは、ツッツキに比べると攻撃的なショットです。強い返球をすることで、ラリーの主導権を握ることができます。**ツッツキやストップだけでは、台上技術が守備的になってしまうので、フリックを身につけること**で攻撃の幅を広げることができます。

ボールの着地点を見定めたら、上半身をボールに寄せてバックスイングをとり、スイングは小さめに、ボールの頂点か頂点のやや手前を狙ってインパクトしましょう。ラケット面をややかぶせ気味にして、ナナメ上に振り払うのがポイントです。

コツ！ ボールの着地点を見極めて体を寄せる

利き手側の足を踏み込みながら、上体をボールに寄せ、バックスイングはワキを少し空けてラケットを小さく引く。

コツ！ ラケットをかぶせ気味にしてナナメ上にはらう

ボールに対して、ラケットを直角に出すようにスイングし、インパクトはボールの頂点か、頂点に到達する少し前をとらえる。

プラス+1 相手ボールの回転に応じてラケット面を調整する

下回転に対しては、ラケット面をやや上向きにし、手首を返しナナメ上に振り払う。上回転やナックルに対しては、面を垂直かやや下向きにし、かぶせるようにして打つ。

PART 4 台上技術でゲームを優位に進める

ポイント 25

レベル ★★☆

フリック・バックハンド

コースを打ち分けラリーで先手をとる

より強い打球を打つには、腕や肩をリラックスさせ、インパクトの瞬間にだけ力を入れる。

レベルアップ！
フリックは相手ボールが下回転のときによく使うテクニックです。それ以降のラリーを優位に進めるためにもクロスやストレートにコースを打ち分けられるように練習しましょう。

インパクトのタイミングを変えてコースを打ち分ける

　フリックのバックハンドでは、ラケットを体の前でボールに対して直角にし、台に対しては垂直に立てて構えます。スタンスは、自分のやりやすい方でどちらの足を前に出して構いません。

　バックスイングではラケットを手前に引いてから、インパクトは頂点か頂点に達するやや手前で、面をややかぶせてボールを払うようにしてナナメ上に振り抜くことがポイント。バッククロスに返球するときは、基本通りに体の前でインパクトしますが、**ストレート方向に打つ場合は、ボールをやや引きつけて狙う方向にグリップを押し出します。**

PART 4 台上技術でゲームを優位に進める

コツ！ フリックのバックの踏み込みはどちらの足でも構わない

踏み込み足はどちらでもOK。利き腕側の足を踏み込むと、待球姿勢に戻りやすく、逆足を踏み込むと体勢が安定する。

コツ！ 頂点付近でヒジを軸に払うようにスイングする

打点はボールが頂点か頂点に達する少し前。ラケットの面をややかぶせながら、ヒジを軸にボールを払うようにスイング。

プラス+1 インパクト時のスイングスピードをあげて打つ

狙うコースにボールを押し出しながら、ラケット面を返していくと、強い打球になる。インパクト時のスイングスピードを速くすると、回転の影響を受けにくい。

65

ポイント 26

レベル ★★★

チキータ

手首を返すようにして バック面で強打する

難易度がやや高めなチキータをマスターすれば、攻撃的なレシーブができるようになる。

レベルアップ！ チキータは最も新しい台上技術ですが、現代の卓球で勝つためには必要なテクニック。ボールの回転に左右されず、レシーブから積極的に攻撃ができるので、しっかり身につけましょう。

特殊なヒジや手首の使い方を身につける

　チキータはバックハンドフリックの変則的な打法で、台上技術のなかでも難易度が高いテクニックです。ボールに強い回転をかけて返球するので、「バックハンドの台上ドライブ」とも言われるほど、威力のある打球ができます。
　小学生が完全に使いこなすには、多少の時間が必要ですが、**ヒジや手首の使い方をある程度、マスターすれば上達は可能です。**ヒジを支点にし、バックスイングのときにラケットのフォア面を上に向けて、インパクトでは面を返してバック面を使うというフォームの流れを練習のなかで取り組んでみましょう。

コツ① 手首をヒジの下にしてバックスイングをとる

ボールに体を寄せて、台の下に足を踏み込む。ヒジを上げ、ラケットのフォア面を上に向けて手首を内側にひねる。

コツ② 手首を返すようにバック面でインパクトする

ヒジを肩の位置ぐらいまで引きあげ、腕を外側にまわすようにスイング。曲げていたヒジを伸ばして、腕を振りあげる。

プラス+1 狙ったコースに腕とラケットを向ける

ボールの横下をこすりあげると、強い回転をかけることができる。フォロースルーでは、伸びた腕とラケットを打ちたいコースに向いけていくことがポイント。

PART4 台上技術でゲームを優位に進める

コラム

返球の高さを意識して
しっかりドライブ回転をかける

　攻撃の軸となるドライブは、しっかり回転をかけて打たないと、相手にとってチャンスボールとなり、逆に攻撃をしかけられてしまうことになります。

　そこで強い前進回転（トップスピン）をかける練習として、マイダスではネットの高さを高くするという独自のメニューを行っています。競技規則では、ネットの高さは台から15.25センチと決められていますが、割りばしとひもを使って、約30センチの高さの「特別ネット（＝ドライブ練習用ネット）」を設定します。

　多球練習で下回転のボールを送り、この特別ネットの上を越すように打たせます。普通に強打を打ってもアウトになるため、スピンの効いたドライブが必要です。そのようにしてドライブを磨いているわけです。

　ドライブはフォアハンドもバックハンドも、ヒザを曲げて重心を低くした体勢を作り、下からこすり上げるように打ちます。全身のバネを使うような感じで、インパクトでは渾身の力を込めてたくさんのボールを打つことにより体の使い方を身につけていきます。ある程度打てるようになったら、特別ネットを外してみてください。ドライブが打ちやすい感覚になっているはずです。

PART

5

サービスで
試合の主導権を握る

ポイント 27

レベル ★★☆

サービスの重要性

多彩なサービスから主導権をつかむ

サービスは自分のタイミングでできる唯一のプレー。3球目以降に効果的に攻撃できるように、狙いを定めて主導権を握ろう。

レベルアップ！
質の高いサービスを何種類も打てると、自分のサービスのときは主導権を握ってラリーを優位に進めることができます。サービスは1人でも練習ができるので、いろいろな打ち方を試してみましょう。

回転やコースを工夫して相手に的を絞らせない

自分のタイミングで始めることができるサービスは、1球目の攻撃ともいわれ、ラリーの主導権を握るために重要なプレーです。ただ、フォームやボールの軌道が毎回同じでは、相手も試合の中で慣れてきて対応されてしまいます。**ボールにさまざまな回転をかけたり、スピードや狙うコースを工夫したりしながら、相手に的を絞らせないようにしましょう。**

シェークハンドのフォアのサービスでは、グリップの握り方を変えるのが一般的です。表側の親指と裏側の人差し指で、ラケットを握り込むことで回転をかけやすくなります。

PART 5 サービスで試合の主導権を握る

コツ！ 下回転や横回転をかけ相手に攻撃させない

回転をかけるサービスは、下回転と横回転が一般的。両方を合わせた横下回転もある。どう変化するかを理解しておこう。

コツ！ 左右や前後に揺さぶり相手を惑わせる

狙うコースを工夫すると、サービスの威力が増す。相手の苦手なサイドを突いたり、前後に揺さぶると相手を惑わせられる。

プラス+1 できるだけ同じフォームでさまざまなサービスを打つ

いろいろな種類のサービスは、できるだけ同じフォームで打てるようにしたい。それによって相手はどんなボールが来るのか予測しにくくなる。

71

ポイント 28

レベル ★★☆

横回転（右）

カラダの近くで
ボールの内側をこする

横回転サービスは、相手のストップレシーブを封じるのに効果的。鋭い回転をかけて相手を翻弄しよう。

レベルアップ！ 横回転サービスは、相手のストップレシーブを打たせたくないときに有効です。ストップレシーブを封じられれば、基本的に長いレシーブだけを待っていればよく、自分の3球目で効果的に攻撃できます。

ラケットの先端を下に向けて鋭い回転をかける

横回転のサービスは、ボールの横をこするように打って横回転をかけます。右利きの場合、ボールは時計回りに回転し、右方向に飛んでいきます。右利きのレシーバーから見ると、自分のカラダに向かって食い込んでくる軌道になります。
一般的にはサイドライン側の端に立ちます。トスしたボールを目で追い、インパクトはお腹の前あたりで。ラケットの先端を下に向けて、ボールの内側（自分のカラダ側）をこするように打ちます。**ヒジを高く上げてインパクトし、インパクト後は力を抜き、フォロースルーを大きくとらないのがポイントです。**

PART 5　サービスで試合の主導権を握る

コツ！ トスしたボールを目で追い、ラケットを引く

トスは、フリーハンドの手のひらに乗せたボールを真上に上げる。高さは16cm以上、顔より20〜30センチ上が一般的。

コツ！ インパクトはボールの内側をこする

ヒジを高く上げて、ラケットをカラダの近くに引きつけ、ボールの内側をこするようにしてインパクトする。

プラス+1 回転と威力のどちらを強くするか、打ち分ける

横回転サービスは、スイングスピードを速くすると強い回転がかかるが、その分、ボールの威力は落ちる。打ち方を使い分けられるとよりよい。

ポイント 29

レベル ★★☆

横下回転（右）

ボールの下と横の間をこすって打つ

インパクトするまで相手に横下回転サービスなのか、横回転サービスなのかをわからせないようにしたい。

レベルアップ！ 横下回転サービスは、正しいフォームで打てれば、インパクト以外は横回転サービスとほぼ同じフォームになります。動きが同じであれば、相手は手元にボールが来るまでどんな変化をするかわかりません。

面を上に向け、手首を返して〝ななめに切る〟

横下回転サービスは、横回転に下回転（バックスピン）の加えたサービスです。右利きの場合、ボールは右方向に飛んでいきながら、相手のコートでバウンドした後にややストップがかかります。横や下とあまり難しくとらえず、「ななめに切る」と考えるといいでしょう。

サイドライン側の端に立ち、トスしたボールを目で追いかけるまでは横回転サービスと同じです。**ラケットの表面を少し上に向け、ボールの側面と真下の中間（内側の下あたり）をインパクトします。**手首を返す動きをうまく使ってラケットを操作してみてください。

PART 5 サービスで試合の主導権を握る

コツ！ ラケットを立てすぎず面を少し上に向ける

横回転サービスのようにヒジを高く上げてバックスイングをとる。ラケットを立てすぎると、ただの横回転になるので注意。

コツ！ インパクトはボールの真横と下の間

ボールの側面と真下の中間あたりをインパクト。フォロースルーでは力を抜く。打ち終わったらすぐに定位置に戻ろう。

プラス+1 インパクトを変えると下回転サービスになる

横下回転サービスよりさらにボールの下をインパクトすると、強い下回転サービスがかかったサービスに変化する。回転の仕方を試してみよう。

ポイント 30

レベル ★★☆

横回転（左）

カラダの近くで
ボールの外側をこする

左回転の横回転サービスは、インパクトで手首を丸めるので、手首の強さや柔軟性があった方がよい。

レベルアップ！　左回転の横回転サービスを打てると、相手がラケットをまっすぐ当ててレシーブした場合、フォア側にボールが返ってきます。打たれるコースを絞れれば、3球目攻撃を効果的に仕掛けることができます。

ラケットの先端を上に向けて鋭い回転をかける

左回転の横回転サービスは、ボールの外側をこするように打って回転をかけます。右利きの場合、ボールは反時計回りに回転し、左方向に飛んでいきます。右利きのレシーバーから見ると、自分のカラダから遠ざかる軌道になります。

サイドライン側の端での立ち位置やトスの仕方、お腹の前あたりでインパクトするのは、右回転の横回転サービスと同じです。**ラケットの先端を上に向けて引き、手首を内側に折り曲げながら、ボールの外側をこするように打ちます。** インパクト後は力を抜き、フォロースルーは大きくとりません。

PART 5 サービスで試合の主導権を握る

コツ！ インパクトはボールの外側をこする

ヒジを下げ、ラケットの先端を上に向けた状態で、カラダの前でボールの外側をこするようにしてインパクトする。

コツ！ 手首を内側に丸めて表面を手前に向ける

手首を内側に丸めることで、ラケットの表面は自然と自分の方に向く。しっかり回転をかけるには、〝こする〟意識が大切。

プラス+1 上半身の回転を生かしてスイングスピードを上げる

上半身をすばやく回転させると、スイングスピードが上がる。フリーハンドでバランスをとりながら、上半身の動きも意識してみよう。

ポイント 31

レベル ★★★

横下回転（左）

ボールの下と外側の間をこすって打つ

左回転の横下回転サービスは、横回転系のサービスの中でも難易度が高い。身につけば大きな武器になる。

レベルアップ！
左回転の横下回転サービスは、とても難しいテクニックです。身につけるのは大変ですが、打てるようになると大きな武器になります。勝負どころで使い、相手を惑わせてレシーブミスを誘いましょう。

面を上に向け、手首を返して〝ななめに切る〟

左回転の横下回転サービスは、反時計回りの横回転にバックスピンを加えたサービスです。右利きの場合、ボールは左方向に飛んでいきながら、相手のコートでバウンドした後にややブレーキがかかります。「ななめに切る」イメージでスイングしましょう。

サイドライン側の端に立ち、トスしたボールを目で追いかけます。**手首を内側に折り曲げながらラケットの表面を少し上に向け、ボールの側面と真下の中間（外側の下あたり）をインパクトします。** 下回転の意識が強すぎると、ボールが浮きやすくなるので注意しましょう。

PART 5　サービスで試合の主導権を握る

コツ！ インパクトは ボールの外側と下の間

ヒジを下げ、ラケットの表面を上に向けた状態で、ボールの外側と真下の中間をこするようにしてインパクトする。

コツ！ 下をこすりすぎて ボールを浮かせない

ボールの下側をこする意識が強すぎると、ボールが浮きやすい。それでは相手にチャンスを与えてしまうことになる。

プラス+1 ボールと面が長い時間接地すると回転が強くなる

ボールがラケットの面に接地している時間を長くすると、より強い回転がかかる。練習の中で積極的にチャレンジしてみるとよい。

ポイント **32**

レベル ★★☆

横下回転（バックハンド）

ラケットの裏面でななめに切る

バックハンドのサービスは、手首の角度を少し変えるだけでボールの回転量を調節できる。

バックハンドサービスは使う選手が少ない分、構えるだけでも相手を一瞬まどわすことができるかもしれません。相手のレシーブの対応が遅れたら、チャンスを見逃さないようにしましょう。

ボールの内側と真下の中間をインパクトする

バックハンドのサービスは、エンドライン側の端に正面を向いて立ち、シェークハンドではラケットの裏面を使って打ちます。右利きの横下回転サービスは、ボールが反時計回りに回転して左方向に飛んでいき、相手のコートでバウンドした後にややブレーキがかかります。

ラケットを利き腕と反対側に引き、トスを上げます。ボールをよく見て、ラケットを勢いよく振り下ろすように、**ボールの内側（カラダ側）と真下の中間あたりをインパクトします**。ヒジをななめ後ろに引くイメージを持つと、スムーズに動かせるでしょう。

PART 5　サービスで試合の主導権を握る

コツ！ 自分のやりやすい形でトスを上げる

バックハンドのサービスは、ラケットを引いてからトスを上げても、トスを上げてからラケットを引いても、やりやすい方で。

コツ！ ラケットの裏面でしっかり回転をかける

ラケットを勢いよく振り下ろし、ヒジをななめ後ろに引くイメージでボールの内側と真下の中間あたりをインパクトする。

プラス+1 裏面を相手に見せるように鋭い回転をかける

スイングの流れの中で、インパクトの前後ではラケットの裏面が相手に見える形になる。インパクト後に動きを止めると、鋭い回転がかかる。

81

ポイント 33

レベル ★★☆

横回転（バックハンド）

裏面でボールの内側をこする

バックハンドの横回転サービスは、打った直後に利き腕のヒジを高く上げるのがポイント。

レベルアップ！
バックハンドの横回転サービスは、横下回転サービスのように打てると、レシーバーは「ボールが減速する」と判断します。重心を前に持ってきたところで、手前に伸びてくるので戸惑います。

ヒジを高く上げてボールの内側をインパクトする

バックハンドで打つ横回転サービスは、横下回転サービスと同じで、エンドライン側の端に正面を向いて立ちます。右利きの場合、ボールが反時計回りに回転しながら左方向に飛んでいきます。右利きの相手からすると、カラダから遠ざかる軌道を描きます。

ラケットを利き腕と反対側に引き、トスを上げます。ボールをよく見て、ラケットを左から右へ振り子のように勢いよく運びます。**カラダの前でボールの内側（カラダ側）をこするようにインパクトします。** フォロースルーでヒジを高くつき上げると、強い回転がかかります。

サービスで試合の主導権を握る

コツ！ トスを上げるまでに相手に見破られない

ラケットを引き、トスを上げるまでは横下回転サービスと同じ動き。ここで相手に横回転サービスと見破られないこと。

コツ！ ラケットを右方向へ振り子のように運ぶ

ラケットを左から右へ振り子のように勢いよく運ぶ。フォロースルーでヒジを高くつき上げると、回転の鋭さが増す。

プラス+1 ラケット面の上部の方が回転がかかりやすい

インパクトは、ラケット面の先端に近い部分の方が回転をかけやすい。慣れてきたら、面のどこに当てるのが効果的かも意識するようにしたい。

ポイント 34

レベル ★★☆

ナックルサービス

押し出すように無回転のサービスを出す

下回転系のサービスと見せかけて、ナックルサービスを出すことで相手のレシーブミスを誘う。

レベルアップ！ 下回転系のサービスは、バウンド後に一瞬止まったようになるので、ラケット面を上にしてレシーブするのが基本。下回転と思わせてナックルサービスを打てば、浮いたチャンスボールが返ってきやすくなります。

84

無回転のナックルサービスで相手を戸惑わせる

フォアハンドのサービスには、横回転系の他に、バウンド後に止まったように見える下回転（バックスピン）サービスや、回転をかけないナックルサービスがあります。いずれもサイドライン側の端に立って構えます。

ナックルサービスは、ボールを切らずに手首を固定して押し出します。相手が下回転サービスだと思ってレシーブをしにいくと、返球が浮きあがりチャンスボールになることも。相手に下回転サービスと思わせて打たせるのが狙いなので、両方のサービスはセットで覚えましょう。

PART 5　サービスで試合の主導権を握る

コツ！ 表面を上に向けてバックスイングをとる

コツ！ 押し出すようにボールをインパクト

トスをしたら、ラケットの表面を上に向けてバックスイング。そのままスイングに入り、切るように見せかける。

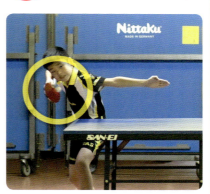

ギリギリまで下回転系のサービスを出すような動作から、インパクトの瞬間にラケット面を立ててボールを押し出す。

プラス+1　下回転とみせかけ回転をかけない

ナックルサービスは、下回転サービスを打つような動きを見せながら、回転をかけないで打つ。面の中心にボールを乗せるイメージで出すと回転がかからない。

ポイント 35

レベル ★★☆

しゃがみ込みサービス

しゃがみ込みながら顔の近くで打つ

顔の近くでインパクトすることで、ボールをしっかり見る。

レベルアップ！

しゃがみ込みサービスは、他のサービスよりスピードを出しやすいサービスです。ここぞという場面で使うと、相手も速いボールに対応しづらく感じるでしょう。逆回転も打てると、威力は倍増します。

86

低い体勢からボールの横をとらえて回転をかける

しゃがみ込みサービスは、しゃがみ込みながら顔の近くでインパクトします。小学生のような身長があまり高くない選手には有効なサービスです。打ち終わった後は、すぐに立ち上がり、すばやく待球姿勢をとることが大切です。

スタンスを狭くとり、トスを上げたらラケットを肩の上に担ぐように構えます。しゃがみ込みながら、右利きの場合はボールの右側をとらえて回転をかけます。右利きの相手から見ると、カラダから遠ざかる軌道になります。難易度の高いサービスとして、ラケットの裏面でボールの左側をこする打ち方もあります。

PART 5 サービスで試合の主導権を握る

コツ！ できるだけ低い打点で浮かないボールを打つ

ネットの上部と同じぐらいの高さで打てると、ボールが低い弾道で飛び、レシーバーとしてもなかなか攻撃しづらくなる。

コツ！ ラケットの裏面を使い逆回転をかける

ラケットの裏面を使ってボールの左側をこする打ち方もある。右利きの相手にとってはカラダに食い込んでくる軌道になる。

プラス+1 打ち終わったらすぐに立って構える

いつまでもしゃがんでいると、相手のレシーブに対する反応が遅れてしまうので注意。打ち終わったらすばやく立ちあがって待球姿勢をとること。

コラム

ロングサービスを効果的に使って相手のミスを誘う

　サービスを打つとき、ボールにかける回転や狙うコースがいつも同じでは、レシーブ側もやがて慣れてきます。そこで回転やコースを工夫する必要があるわけですが、それはサービスの長さに関しても同じことが言えます。

　最近のサービスは、ネット近くに落とす短いショートサービスが主流です。しかし、だからこそ相手の隙を見て放つ長いロングサービスが威力を発揮します。PART4で紹介したチキータのレシーブが得意な相手の場合、ロングサービスを使う回数を増やしてもいいでしょう。

　サービスの長さは、インパクトした直後のワンバウンド目を自分のコートのどこに落とすかで調整できます。より手前のエンドラインに近い位置にワンバウンドさせると、相手コートのエンドライン付近を突くロングサービスになります。このとき、勢いのある低い弾道で打つと、スピードも出ます。

　PART5で紹介したサービスは、すべてロングサービス、ショートサービスを打ち分けられるのが理想です。相手は、インパクトしてワンバウンドさせるまでロングなのかショートなのか、すぐには判断ができないので、厳しいレシーブがしにくくなります。

PART

6

勝つための
3球目・4球目攻撃

ポイント 36

レベル ★★★

3球目・4球目攻撃

サーブ&レシーブで相手を崩して決める

自分の得意なサービスとショットを組み合わせ、効果的な攻撃パターンを考える。

レベルアップ！
試合で勝つためには、サービスの1球目から主導権を握り、3球目で決める得点パターンが必須。レシーブの場合は、相手サービスを上手に返して、4球目に持ち込みポイントを狙いましょう。

攻撃的な戦術パターンの組み合わせで得点をかさねる

シングルスの試合では、サービス時の「3球目攻撃」とレシーブ時の「4球目攻撃」が基本の得点パターンとなります。**たくさんの得点パターンを持っていることで、相手の特徴や対応を見ながら、試合を優位に進めることができます。**

サービスではいかに1球目のサーブで相手レシーブ（2球目）を崩し、3球目に決定打に持ち込めるかが大切。コントロールや回転、フォームを意識してサービスを出しましょう。

レシーブでは相手サービスを上手に返し、できるだけ3球目に決められないためのレシーブがポイントになります。

PART 6 勝つための3球目・4球目攻撃

コツ！ あまくなったレシーブを3球目の決定打で決める

実力が同じぐらいならサーブ権を持つ側が有利。球種や回転を読まれないようなサービスで主導権を握る。

コツ！ 狙ったところに返球し4球目のチャンスを待つ

試合ではサービスの攻略が大事。球種と回転を見極めて、狙ったところに返球できれば4球目にチャンスがくる。

プラス+1 3球目・4球目から想定したサービス&レシーブを打つ

3球目・4球目を決定打にするためには、サービス（レシーブ）をどこに打てば良いか考えること。相手のレシーブ力が高ければ、球種やコースを変えて工夫する。

ポイント 37

レベル ★★☆

3球目攻撃①

バック前に短いサービスを出して3球目を待つ

バック前に出したサービスの精度によって、3球目の成功率が決まる。

レベルアップ！
バック前に出すショートサービスの精度が、3球目攻撃の成功にかかわる大事なポイントです。相手に強いレシーブを打たれないよう低く、短くコントロールしましょう。

コツ 相手にツッツキを打たせて3球目をドライブで決める

①相手にどんなサービスを打つかわからないように構える。シェークハンドのフォアのサービスでは、持ちやすいようグリップの握りを変えて微調整。

②相手にツッツキのレシーブをさせるには、横下回転系か下回転系の球質で、できるだけ回転をかけた短いサービスにする。

③狙い通りのサービスを打つことができ、相手が厳しいツッツキを出すことができなければ、3球目で決めにいく。

④ドライブならば腰を低く下げてバックスイングをとり、腰のひねりを生かして、ボールを下からこすり上げるようにインパクトする。

プラス+1 タメをしっかり作って相手にコースを絞らせない

打つコースを相手にしぼらせないために、後ろ足にしっかり重心を乗せてタメをつくる。これによって相手はボールがどのコースに飛んでくるか読みにくい。

PART 6 勝つための3球目・4球目攻撃

ポイント 38

レベル ★★☆

3球目攻撃②

フォア前に短いサービスを出して3球目を待つ

相手にフォアハンドで強打されないように、低く回転がかったサービスを出す。

レベルアップ！
フォア前に出すショートサービスは、バック前のサービスとあわせ3球目攻撃の軸になるパターンです。相手のレシーブを予測して次の攻撃ができる体勢をつくりましょう。

コツ！ まわり込んで相手の返球を強くインパクトする

①下回転サービスは相手コートで2バウンド以上させるイメージで出す。

②相手がフォア前のサービスを予測していなければ、体勢を崩して強いレシーブが打てず、ツッツキやストップのレシーブも甘くなり、浮いたボールになりやすい。

③ショートサービスが効果的なら、相手はネット近くに体を寄せるため、元の位置に戻るまでに時間がかかる。

④相手の返球に対してしっかりまわり込んでフォアハンドドライブを狙ったコースに打つ。

PART 6 勝つための3球目・4球目攻撃

プラス+1 狙ったコースにしっかり打ち抜く

3球目の決定打は、狙ったコースに強いインパクトで打ち切ることが大事。相手の体勢が不十分なら、強打にすばやく反応して返球することは難しい。

ポイント 39

レベル ★★★

3球目攻撃③

3球目をバックハンドのドライブで決める

相手のバックへのツッツキレシーブをバックハンドで決める。

レベルアップ！
相手のバックへの返球を待ち構えて、ドライブで決めましょう。フォアハンド・バックハンドともに強いショットが打てるようになることで、3球目の攻撃パターンが多くなります。

コツ 引きつけてコースを狙いバックハンドドライブを打つ

① 横下回転か下回転のショートサービスをフォア前に出す。

② サービスが低く、回転がかかっていれば相手は強打できず、ツッツキやストップで返球してくる。

③ クロスのコースに返球してきたボールを待ち構えて、ボールをしっかり引きつける。

④ 空いているコースを狙って振り切る。この場合はクロスへのバックハンドドライブが有効。難易度が高いが、状況に応じてストレートにも狙えるようにしたい。

PART 6 勝つための3球目・4球目攻撃

プラス+1 腰を落としてインパクトし強い回転をかける

バックハンドドライブは、頂点のやや手前でインパクトすることもできるが、強い前進回転をかける場合は、腰を落として低い重心からボールが頂点を過ぎたところで打つ。

ポイント 40

レベル ★★★

3球目攻撃④

チキータを使って台上から攻撃的に打つ

チキータは台上から攻撃的な強打ができるテクニック。身につけているなら、積極的に3球目攻撃に取り入れたい。

レベルアップ！

バックハンドのチキータは、台上から強打できる攻撃的なレシーブです。3球目の決定打にチキータを使うことで、3球目攻撃の幅が一気に広がり、試合を優位に進めることができます。

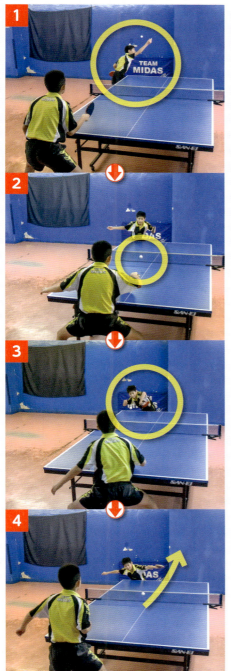

コツ ボールに体を寄せてチキータを打つ

①相手にツッツキを打たせるために、下回転のサービスを出す。
②相手はツッツキでストレートのコースに短く返球してくる。
③3球目にチキータを打つために、しっかりボールの着地点に体を寄せる。
④ヒジをあげながら、ラケットのフォア面を上に向けて手首を内側にひねり、腕を外側に向かって回すようにスイング。ボールの右下（左ききの場合）をこすりあげる。クロス（逆クロス）やミドル、ストレートの3方向に打てるよう練習する。

PART 6 勝つための3球目・4球目攻撃

プラス+1 試合で使えるようにテクニックをみがく

チキータは腕の使い方が難しいため、幼少期や初心者レベルの選手にとっては難しいテクニック。練習のなかで少しずつマスターして実戦に生かすことが大事。

ポイント 41

レベル ★★★

3球目攻撃⑤

サービスで相手を崩しフリックで決める

フリックは台上の攻撃的なショット。状況を判断しながら3球目攻撃で上手にフリックを使う。

レベルアップ！ こちらからナックル系の低いショートサービスを出し、相手のストップレシーブが甘くなったときは、すばやく体を寄せて3球目をフリックで決めましょう。

相手の甘いストップレシーブを高い打点で振り切る

①相手に球種が読まれないよう、低いナックル系のショートサービスを出す。
②相手がストップでレシーブしようとした場合、コースと質の良いサービスならば、返球が甘くなる。
③すばやくボールに体を寄せて、フリックを打つ体勢に入る。
④高い打点からフリックを打つことで、決定打にすることができる。

PART 6 勝つための3球目・4球目攻撃

プラス+1 ボールの頂点前を狙って相手に余裕を与えない

ボールが頂点に達したところをインパクトした方が打ちやすく、ミスしにくい。しかし3球目攻撃では、頂点前をインパクトして相手に余裕を与えないテクニックも身につけたい。

ポイント 42

レベル ★★★

4球目攻撃①

フリックレシーブから カウンターを狙う

2球目でクロスにフリックで返球し、相手がバックハンドドライブで攻撃してきたところをカウンターで狙う。

レベルアップ！ カウンターは相手の強打をはやいタイミングで打ち返すテクニック。3球目攻撃で決めにきたショットに対して、体勢を整え、タイミングを合わせましょう。

コツ！ 強打に対してタイミングをあわせて返球する

①相手サービスのコースや回転をしっかり見極める。

②相手のフォア前のサービスに対して、体をボールに寄せながらフリックをクロスのコースに払う。

③3球目攻撃で相手がドライブを打ってくることをイメージしつつ、すばやい反応をするために、リラックスして構えて動きをよく見ておく。

④相手のバックハンドドライブの返球に対して、台から離れずにカウンターで返球する。

PART 6 勝つための3球目・4球目攻撃

プラス+1 面を合わせて強いボールで返す

うまくタイミングを合わせ、カウンターのドライブで切り返すことがポイント。相手の力を利用するイメージを持つと、面を合わせるだけで強い打球になる。

ポイント 43

レベル ★★★

4球目攻撃②

チキータで主導権を握り
4球目の強打で決める

チキータの精度がよければ、レシーブから押し込むことができる。4球目で一気に決めに行く。

レベルアップ！
4球目攻撃に持ち込むための2球目のレシーブは、積極的に攻撃して一気にラリーの主導権を握りましょう。そのよう状況をつくるためには攻撃的なチキータやフリックが効果的です。

コツ 相手がつないできたところで決定打をコースに狙う

①サーバーの体やラケットの動きをしっかりと観察する。

②相手サービスにうまく反応できたらチキータで積極的に攻めていく。

③ヒジをあげてラケットのフォア面を上に向けて、手首を内側にひねってから腕を大きく振り上げるようにスイング。

④強打で押し込まれた相手は、前陣のバックドライブやバックブロックなどでつないでくる。次の4球目で一気に決める。

PART 6　勝つための3球目・4球目攻撃

プラス+1 空いているコースを狙って打ち抜く

スイングのスピードを生かしながら、強いバックハンドドライブを打つ。空いているクロスのコースを打ち抜くか、相手の動きを見ながらストレートを狙っていく。

105

コラム

競争意識を持つことで練習や試合の質を高める

　マイダスでは選手間で、ランキング戦を導入し、選手間の競争心を刺激しています。毎日練習しているアスリートクラスの上下階の入れ替えだけでなく、週一回のビギナークラスの選手にもランキング戦を経験してもらい、試合や練習に対する取り組み方を体験してもらうのが目的です。

　また、どのクラスに所属していても対外的な大会や試合に出場して、その時点での自分の実力を把握することは欠かせません。実戦のなかでうまくできた点、できなかった点を持ち帰って、日々の練習にフィードバックすることでさらなるレベルアップが可能になります。

　指導者は試合内容をしっかりチェックして、選手の足りない部分には、どのような練習が必要なのか、しっかり練習メニューとして反映していくことが求められます。卓球のマンツーマンや英才教育ができない環境下にあっても、コーチのきめ細かい指導があれば、全国レベルの選手に成長するチャンスがあると言えるでしょう。

　取り組む側の選手たちも、コーチに指示された練習をこなすのではなく、「課題」や「目的」を意識することで、練習の質も大幅に向上します。毎日の練習や試合結果をノートにまとめ、反省点や到達度をはっきり自覚することで、アスリートとして成長を続けていくことができます。

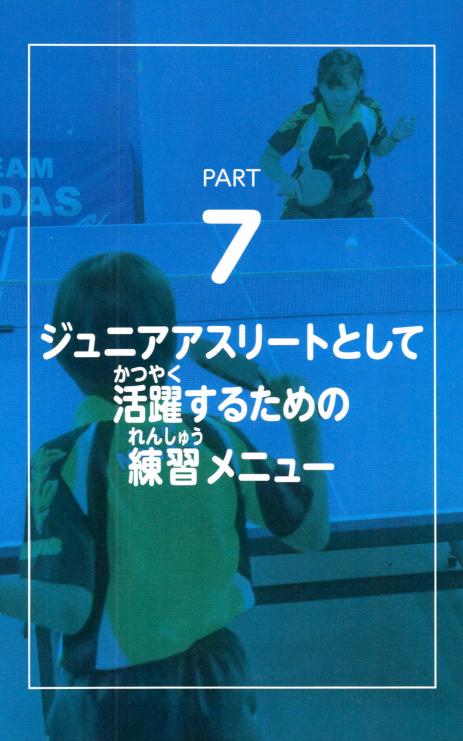

PART 7

ジュニアアスリートとして
活躍（かつやく）するための
練習（れんしゅう）メニュー

練習の種類

目的意識を持って課題に取り組む

子どもたちが集中できる環境、練習メニュー内容が上達のポイント。課題を1つひとつクリアしていくことが選手としての成長につながる。

レベルアップ！ 練習は目的意識を持って取り組むことが大切。ジュニアアスリートとして必要な基礎的なトレーニングを取り入れつつ、将来、卓球選手として活躍するための土台づくりをはじめましょう。

目的にあった練習によって課題をクリアする

通常行われる卓球の練習は、大きく分けて二つ。ラケットを持たないフィジカル中心のメニューとラケットでボールを打つ打球練習です。

ボールを打たないジャンプや体幹の筋力トレーニングは、アスリートの土台となる大切な練習。フットワーク良し悪しにも関連してくる股関節まわりのインナーマッスルや体の軸となる筋肉をしっかり鍛えておくことで、土台が安定します。

打球練習では、ボールを打ちながらフットワークを身につけたり、正しいフォームの再現性、ショットの強さや正確性をマスターする「課題練習」があります。

PART 7 ジュニアアスリートとして活躍するための練習メニュー

コツ！ フットワークを意識して打球練習を行う

ラケットを持たずにフットワークだけの練習を行うのは非効率。打球練習にフットワークの要素を取り入れる。

コツ！ 土台を鍛えて強いボールを打つ

体幹はアスリートの土台となる筋肉群。ジュニア期から鍛えておくことで下半身が安定し、強いボールが打てるようになる。

プラス+1 ペアを組んでストレッチを行う

ストレッチはケガを防止し、運動後の疲労を軽減する。ペアストレッチで柔軟性をアップし、ケガをしにくい体をつくる。

ポイント 45　レベル ★★☆

打球練習&フットワーク

お互いが動いて狙ったところに打つ

レベルアップ！
ラリーで頭を使う要素は、上級者を目指すうえで欠かせない要素です。この練習ではフットワークを意識しながら、相手の動きをみて狙ったところに打球をコントロールさせます。

コツ 相手の動きを見ながら正確にコントロールする

つなぐことを重視しながらラリーを続けることがポイント。打球はクロスに1本の後に、ストレートを2本続けて狙う。相手の動きをみながら、狙ったところに正確にコントロールする。練習相手もフットワークを使って、フォアハンド・バックハンドに切り返して返球する。

PART 7 ジュニアアスリートとして活躍するための練習メニュー

プラス+1 制限を変えて考える打球を意識する

打球を「クロスに2本、ストレートに2本」というようにアレンジして練習することもできる。頭で考えて打つことが意識づけでき、狙ったところに正確にコントロールできる技術が身につく。

「速く」「強く」「正確に」を意識してフットワーク練習

レベルアップ！ 足を動かしながら正確なストロークで、質の高いラリーを続けることがポイントです。相手役となる選手は、強いボールを確実に返球できるブロックを身につけましょう。

フォアハンド2本×バックハンド2本

フォアハンドで打つ。

続けてフォアハンドで打つ。

すばやく切り替えてバックハンドで打つ。

続けてバックハンドで打つ。

フォアハンド1本バックハンド1本

バックハンドで打つ。

切り替えてフォアハンドで打つ。

すばやく切り替えてバックハンドで打つ。

フォアハンドで打つ。
すばやい切り替えを意識する

PART 7 ジュニアアスリートとして活躍するための練習メニュー

フォアハンドで3点

フォアへのボールからスタートする。

⬇

ミドルのボールをフォアハンドで打つ。

⬇

バックへのボールをフォアハンドで打つ。

⬇

最初に戻ってフォアハンドで打つ。

バック側2本フォア側1本

バックへのボールをバックハンドで打つ。

⬇

バックにくるボールをまわり込んでフォアハンドで打つ。

⬇

打球すると同時に大きく動く準備。

⬇

飛びついてフォアハンドで打つ。

ミドルオール	バック側3分の2オール
ミドルのボールからスタートする。	バックへのボールからスタートする。
フォアにきたらフォアハンドで打つ。	相手がどこに打ってくるかよくみる。
ミドルに返球されるボールをフォアハンドで打つ。	ランダムのボールをバックハンドで打つ。
バックにきたらバックハンドで打つ。	ランダムのボールをフォアハンドで打つ。

PART 7 ジュニアアスリートとして活躍するための練習メニュー

ポイント 46

レベル ★★☆

課題練習①

台のコーナーに的を置いて狙う

球出しのボールに対してコーナーにある的を狙って打球練習する。強いボールで狙うことが大事。クロス、ストレートの的を交互に狙う。ほかの選手と決めた本数を競うことで、楽しみながら集中力を養うことができる。

レベルアップ！
コントロールの精度をアップするには、的を小さく絞って集中力を高めることで意識づけしていきます。台のコーナーに的を置いて、正確に打ち抜くコントロールを目指しましょう。

課題練習②

バックハンドのコースに絞ってラリーを続ける

台のフォアハンド側にタオルを置いて、バックハンドのみを使ってクロスで打ち合う。ロングサービスからスタートし、ラリーのなかで相手の動きをみながら、ミドルやクロスを打ち分ける。タオルを置くことでコースは制限されるが、台半分のスペースを有効に使うための細かいコントロールが身につく。

PART 7 ジュニアアスリートとして活躍するための練習メニュー

レベルアップ！

実戦では相手とバックハンドで打ち合うシーンが多くあります。バックハンド同士のラリーが強い選手は、試合を優位に進めることができるので、状況を想定した課題練習に取り組みましょう。

117

ポイント 48

レベル ★★☆

課題練習③

ツッツキのみで相手とラリーする

ツッツキだけを使ってラリーする。相手がツッツキで強い回転をかけてきたら、こちらはボールの下にラケット面を入れて押し出すようなツッツキで、回転を抑えて返球する。相手ボールの回転を見極めて対応することが必要だ。

レベルアップ!
ツッツキはレシーブに欠かすことができないテクニックです。精度の高いツッツキを打つためには、相手ボールの回転の見極めが大事です。ツッツキ同士のラリーで目を養いましょう。

ポイント 49

レベル ★★☆

課題練習④

台から離れてドライブで打ち合う

PART 7 ジュニアアスリートとして活躍するための練習メニュー

ドライブの引き合いでは、相手ボールの強い前進回転に対して、こちらもしっかり前進回転をかけて返球する。後ろ足にタメをつくって、体のバネを使ってボールをインパクト。ボールの軌道が弧を描くようなラリーの引き合いを目指す。

3球目や4球目で決まらない場合は、台から離れたドライブでのラリーが展開されることがあります。「引き合い」で打ち負けないフットワークとドライブを身につけましょう。

119

ポイント 50

トレーニング&ストレッチ

レベル ★☆☆

ジャンプ力や体幹力を養いアスリートの土台をつくる

レベルアップ！ 打球練習と並行し、スムーズに体を動かすための体づくりが不可欠。器具を使うトレーニングではなく、負荷の小さい瞬発系や体幹トレーニングなどで土台づくりにはげみます。

トレーニング 1　瞬発系トレーニング①

両足を肩はばぐらいに開き、股関節内の筋肉を使って、高くジャンプする。両足で着地し、これを繰り返す。(20回2セット)

トレーニング2 瞬発系トレーニング②
バービージャンプですばやく動く

その場で両足ジャンプをする。

着地したあと、ヒザをまげて両手を床につける。

ヒザを伸ばして両足を後ろに伸ばす。

ヒザをまげて両足を戻し、はじめと同じようにジャンプする。(30回1セット)

トレーニング3 瞬発系トレーニング③
ジャンプして前後の足を入れ替える

足を前後に開いて腰を落とす。

両足で踏み切り、上に高くジャンプする。

空中で前後の足を入れ替える。

着地して腰を落とす。(40回)

PART 7 ジュニアアスリートとして活躍するための練習メニュー

トレーニング1 体幹トレーニング①
上半身を反らして背筋の力をつける

両手を頭の後ろにしてうつぶせになり、ペアは足首をおさえる。固定した足首を支えに上半身をあげる。(30回)

トレーニング2 体幹トレーニング②
床から体をおこして腹筋を鍛える

両手を頭の後ろで組んで横になる。ペアに足をおさえてもらい、上半身をゆっくり起こす。(30回)

トレーニング3 体幹トレーニング③
姿勢をキープして体幹を鍛える

片方のヒジをついて体を支え、肩から腰、足までをまっすぐのラインになるようにする。60秒キープしたあと、もう片方のヒジをついて反対側も同じように行う。

トレーニング4 体幹トレーニング④
体の軸を維持して体幹力を向上する

両方のヒジと足の先を床につけて体を支える。背中や腰、足までがまっすぐのラインになるようにする。背中が曲がったり、お腹が落ちないように気をつけながら60秒キープする。

アップ1 ウォーミングアップ①
サイドステップで軽やかに動く

両足を肩幅ぐらいに開いて、サイドステップの準備。

片方の足を、大きくサイドへ動かす。

動かした足を床につけ、反対の足を引き寄せる。左右方向へ交互にサイドステップする。

アップ2 ウォーミングアップ②
クロスステップでバランスよく足をさばく

両足を肩幅より広く開いて、クロスステップの準備をする。

片方の足を、逆足の後ろに出してクロスさせる。

後ろの足を軸にして、前足を横に開く。これを繰り返す。

PART 7　ジュニアアスリートとして活躍するための練習メニュー

アップ3 ウォーミングアップ③
腕を大きく振り、全身で大きくジャンプする

片方の足を大きく前に出してジャンプの準備。

両方の腕を大きく振って、片足で踏み切る。

床を蹴って大きく上に高くジャンプする。

アップ4 ウォーミングアップ④
体をツイストしながらジャンプする

片方の足を前に踏み出してジャンプの準備をする。

片足で床を蹴りながら、あげた足の上半身をツイストする。

前を向きながら、足を入れ替えてジャンプを続ける。

ストレッチ1 足を開いて前屈し股関節を柔らかくする

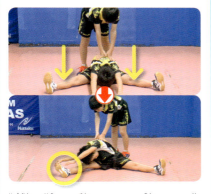

両足を開いて座り、ペアは後ろから背中を押す。正面と左右で行う。

ストレッチ2 ペアでお互いの力をかけながら体のサイドを伸ばす

足を大きく開いて、ペアと両手をつなぐ。片足を相手につけ、お互いに無理のない力で引っぱり合う。

ストレッチ3 ペアを背中に体の背面をストレッチする

ペアで後ろ向きになり腕を組む。片方が相手を背負って前にかがみ、相手の背中をストレッチする。

ストレッチ4 お互いの肩を押し合い肩まわりをほぐす

向き合って上半身を前に倒し、両手で相手の肩を押し合いストレッチする。

PART 7 ジュニアアスリートとして活躍するための練習メニュー

125

モデル協力
マイダスジュニアチーム
2010　全国ホープス卓球大会　男子ベスト8
2011　全国ホープス卓球大会　男子3位
2012　全国ホープス東日本ブロック卓球大会　男子優勝
2013　全国ホープス卓球大会　男子準優勝
2014　全国ホープス卓球大会に東京、埼玉、千葉、神奈川から合計5チームが代表となる。
　　　関東ホープス卓球大会　男子マイダス神奈川　優勝
2015　全国ホープス卓球大会　男子3位
2016　全国ホープス卓球大会　男子ベスト8
2017　全国ホープス卓球大会　女子3位
2018　関東ホープス卓球大会　女子優勝

監修

小泉 慶秀己（こいずみ よしひこ）
マイダスジュニアチーム
監督兼ヘッドコーチ

　卓球の名門湘南工科大学付属高等学校から大正大学へ進学し、学生時代に卓球部で腕を磨く。卒業後は日産自動車卓球部に所属し、数々の大会で活躍。1990年全日本卓球選手権大会ダブルス準優勝、1991年日本卓球リーグ前期　最高殊勲選手賞、1994年全日本卓球選手権大会混合ダブルス優勝など。

　2008年よりマイダスの監督兼コーチに就任し、子どもたちに指導を行う。わかりやすい教え方で技術向上ができると評判が高く、近隣の県から通う生徒もいる。

最強テクと戦い方がよくわかる！
小学生の卓球　必勝のポイント50

2018年12月25日　第1版・第1刷発行

監修者　小泉　慶秀己（こいずみ　よしひこ）
発行者　メイツ出版株式会社
　　　　代表者　三渡　治
　　　　〒102-0093 東京都千代田区平河町一丁目1-8
　　　　TEL：03-5276-3050（編集・営業）
　　　　　　　03-5276-3052（注文専用）
　　　　FAX：03-5276-3105
印　刷　株式会社厚徳社

●本書の一部、あるいは全部を無断でコピーすることは、法律で認められた場合を除き、
　著作権の侵害となりますので禁止します。
●定価はカバーに表示してあります。
©ギグ, 2018. ISBN978-4-7804-2119-4 C8075 Printed in Japan.

ご意見・ご感想はホームページから承っております。
メイツ出版ホームページアドレス http://www.mates-publishing.co.jp/

編集長:折居かおる　副編集長:堀明研斗　企画担当:千代　寧